Quelques Réflexions

SUR LA RÉVOLUTION DE 1830.

ET PRINCIPALEMENT

SUR LA PAIRIE.

PARIS, IMPRIMERIE DE DUCESSOIS,

Quai des Augustins, 55.

QUELQUES RÉFLEXIONS

SUR LA

RÉVOLUTION DE 1830

ET PRINCIPALEMENT

SUR LA PAIRIE

PAR

M. H. C. MITTRE,

AVOCAT AUX CONSEILS DU ROI ET A LA COUR DE CASSATION.

PARIS

CHEZ ALEXANDRE MESNIER, LIBRAIRE,
PLACE DE LA BOURSE,

DELAUNAY, LIBRAIRE,
PALAIS-ROYAL,

ET CHEZ ANSELIN, LIBRAIRE,
RUE DAUPHINE, 9.

1831

AVANT-PROPOS.

La France en 1790 a tout détruit pour se donner de nouvelles lois politiques. Ce grand bouleversement a tellement agité les esprits, les choses et les hommes, qu'après plus de quarante années, rien ne paraît être encore fondé. Depuis la même époque, on n'aperçoit guère que deux sortes de gouvernement régulier qui aient régi la France, le despotisme de l'homme extraordinaire qui n'est plus, et la Charte de 1814; car, jusqu'au consulat, les divers constitutions politiques sorties des assemblées délibérantes, ou imposées par les factions qui tyrannisaient le pays, ne se succédaient si rapidement que pour mettre à nu leurs vices et leur impuissance. D'un autre côté, le despotisme, qui fait exception à tous les gouvernemens réguliers, s'use bientôt, et il y aurait plusieurs raisons de croire que la Charte de

1814 seule s'est maintenue, puisque c'est la dynastie qui l'avait fondée qui s'est détruite elle-même. La plus longue épreuve que la France ait faite de ses nouvelles constitutions écrites, c'est donc celle de la Charte de Louis XVIII, sous laquelle on a vécu pendant quinze années entières. Jusqu'à quel point la forme de gouvernement qu'elle a introduite convient-elle à notre pays ? C'est là une question que l'expérience pourrait maintenant nous aider à résoudre.

Quand la Charte nous fut donnée, ses auteurs et ceux qui la commentaient, nous montrèrent le gouvernement représentatif en lui-même comme le type le plus parfait de toutes les formes de gouvernement anciennes et modernes, comme le résultat de l'expérience de tous les temps, comme le plus beau fruit des lumières du siècle, accrues des funestes tentatives faites dans notre pays, et de l'exemple du bonheur dont jouissent nos voisins. Les uns en reculaient même l'origine jusque dans les sombres forêts de la Germanie, où nos pères, disaient-ils, jouissaient, *sauf la liberté de la presse,* de tous les droits des assemblées délibérantes ; tandis que d'autres ne voyaient presque, dans l'espace écoulé depuis la convocation régulière des états-généraux jusqu'en 1789, qu'une suspension réelle du gouvernement représentatif. Cependant, malgré la différence des temps, si l'on voulait, par exemple, établir en passant une comparaison entre l'ancien régime des états-généraux et notre époque actuelle, on verrait que dans notre ancienne monarchie, il n'y avait guère que les membres des états-généraux qui s'occupassent des affaires publiques du royaume, et presque exclusivement à l'occasion et sous le rapport de l'impôt, tandis que, dans chaque province, les membres principaux des trois ordres n'avaient d'*autre politique* que l'administration de chacune d'elles. Que l'on compare, du reste, tant qu'on voudra, les libertés provinciales, les franchises locales de l'ancien régime avec la centralisation arbitraire et despotique qui règne encore sur nos têtes, ce qui va faire le caractère distinctif, et, peut-être à l'avenir, l'un des embarras de la situation politique qui résulte de la révolution de 1830, c'est l'ardeur toujours croissante et commune à toutes les classes de citoyens de s'occuper des affaires publiques de la société; c'est la liberté presque illimitée de la presse, l'action perpétuelle et constante des journaux sur les esprits les plus ignorans dans la science politique; c'est la souveraineté du peuple érigée en dogme et mise en pratique; c'est enfin Paris, devenue plus que jamais le siége de la souveraineté, le mobile des révolutions, le centre de toutes choses, la dominatrice de la France. Que ces conséquences du gouvernement représentatif soient mauvaises en elles-mêmes et suffisent pour ne pas le regarder en théorie comme la meilleure forme de gouvernement, ce n'est pas ce que je prétends, car je ne vais pas jusqu'à dire non plus qu'on en eût pu trouver une de plus convenable à la France : il me sera permis de croire seulement que, faite avec moins de précipitation, la Charte de 1814 n'en eût probablement rien perdu de son excellence.

Une grande erreur, surtout, des auteurs de cette loi nouvelle, fut de croire, s'ils en eurent la pensée, fonder en France un gouvernement représentatif tel qu'ils le voyaient en Angleterre, parce qu'après en avoir écrit les formes dans la constitution, elles devaient s'exécuter sous le simulacre de deux Chambres, dont l'une ressuscitant l'antique nom d'une dignité féodale, paraissait avoir pour objet de représenter une aristocratie, et dont la seconde, réunissant dans son sein les élus de la nation, devait être l'organe de la démocratie.

Malgré la dénomination et l'objet apparent de ces deux assemblées, la France n'en resta pas

moins dans le fond une monarchie démocratique, qui se trouva aux prises, d'un côté, avec
une aristocratie de souvenirs qui, se voyant re-
présentée nominalement dans la Chambre des
pairs, cherchait à se constituer, en effet, en res-
saisissant d'anciens priviléges ; de l'autre, avec
le pouvoir royal qui, se croyant trop faible dans
les dernières années, sentait le besoin de s'appuyer sur une aristocratie quelconque, ou de
comprimer lui seul la force démocratique. Voilà
la cause de l'anomalie qui a montré tour à tour
les prétentions aristocratiques dans la Chambre
des députés, et la popularité dans la Chambre
des pairs ; telle est aussi celle qui explique ce
triple tiraillement des branches de la souveraineté, qui s'est terminé par la dernière catastrophe, mais qui, dans tout le cours de la restauration n'a jamais ressemblé en rien à cette oscillation régulière qui, depuis si long-temps, balance
les trois pouvoirs en Angleterre.

Les formes du gouvernement représentatif
n'en subsistaient pas moins, puisqu'une royauté
héréditaire et deux assemblées collatérales en font
le caractère ; et sous ces formes, la France a été
gouvernée pendant quinze années d'une manière,
quoiqu'on puisse dire d'ailleurs, conforme à la
nature de ce genre d'institutions.

Cependant, si l'on ne consultait que les avantages que la patrie en a retirés durant une aussi longue expérience, il faudrait hésiter, à mon avis, à considérer cette forme de gouvernement comme la meilleure qui eût convenu à la France, si d'ailleurs on ne pouvait attribuer à des circonstances particulières les difficultés même de l'épreuve qu'elle a subie.

On sait en effet que les souvenirs que les Bourbons apportèrent en France, en réveillant d'autres souvenirs dans une classe qui se trouvait confondue dans la nation, fut le brandon de discorde qui désunit la grande famille, auparavant nivelée sous le despote militaire. Par une même suite, les prétentions de cette classe à ressusciter une aristocatie qui n'était plus dans les mœurs, furent la cause de ces combats stériles et opiniâtres qui ont consumé les plus belles années de repos et de tranquillité qu'en temps ordinaire, nos assemblées délibérantes auraient pu mettre à profit pour compléter les institutions politiques par les institutions secondaires et d'intérêt local que réclamait si vivement ce temps de réparation. Quinze années de repos, au contraire ont vu les deux partis, négligeant les intérêts essentiels du pays, se disputer, avec un acharnement infatigable, des lois sur la presse, des lois suspensives de la liberté individuelle, des lois sur le jury ; plus tard une indemnité aux émigrés, des droits d'aînesse, de nouvelles lois sur la presse et le jury, jusqu'à ce qu'enfin une révolution ait éclaté, pour faire éclore, au bout de quinze années, une loi municipale !

Malgré ces dissensions infructueuses, on peut dire que la France n'en jouissait pas moins de la paix étrangère et de la stabilité, à l'ombre desquelles fleurissent toujours l'industrie, les arts et le commerce. Malgré tous les obstacles, le parti national acquérait chaque jour des forces nouvelles, et quoique cette épreuve du gouvernement représentatif ne lui ait pas été tout à fait favorable, il faudrait, ainsi que nous le disions, ne tenir aucun compte de la difficulté des temps, pour affirmer que, sous le régime de la Charte de Louis XVIII, la France, sans la folie du dernier roi, ne se fût acheminée, par des améliorations successives et sans secousses redoutables, vers un avenir plus réel de bonheur et de prospérité.

Mais la révolution de 1830 ne serait-elle pas venue sanctionner l'expérience, en suppléant à ce qu'elle a eu d'imparfait ? Si l'on y fait attention, ne serait-ce pas surtout les momens d'interrègne qui suivirent la victoire du peuple qui, en montrant par son silence éloquent jusqu'à quel point le gouvernement établi par la Charte de 1814, avait jeté de racines dans les mœurs françaises, devraient aussi servir de leçon et de règle autant à ceux qui réclament toutes les conséquences du gouvernement renversé, qu'à ceux qui sont appelés à diriger les suites de ce renversement?

La révolution de 1830, en effet, portera avec elle ce caractère nouveau qui lui sera propre, que, de toutes les révolutions qui se sont succédées dans notre pays, depuis surtout que des constitutions écrites ont été données ou imposées à la France, elle est la seule qui se soit faite, non pour renverser, mais pour conserver des institutions. Aussi les témoins du combat pourront-ils attester, que le peuple, qui ne s'était armé ni en faveur ni en haine des hommes, mais pour la défense des lois et des libertés publiques, ne fit éclater, après la victoire, que la joie profonde d'un succès inattendu ; et s'il se réjouit, dans ses transports étonnés, de son double triomphe sur la dynastie infidèle, l'événement n'a pas tardé à justifier cette suspension de l'hérédité de la couronne. Sans parler ici de tous les embarras qui rendaient, en effet, difficile, tout pacte nouveau avec la famille parjure et antipathique à nos mœurs, il me suffira d'avoir bien fixé les caractères de la catastrophe qui l'a expulsée pour toujours, parce que cela importe à tous les partis.

La première occupation des vainqueurs fut donc de s'assurer de l'objet de la victoire, et cette fois encore, comme il arrive si rarement dans les révolutions, sans invoquer le nom d'un homme, sans se soucier presque de l'élection d'un roi, ou du moins ne regardant ce choix que comme un objet secondaire de l'anxiété commune, on vit la capitale, pleine de confiance dans les représentans de la France, se grouper avec eux autour de la constitution violée, comme dans une tempête on saisit l'ancre de salut.

Si l'on considère, en effet, les principales modifications qu'a dû recevoir la Charte de 1814 par la force de ces événemens, on peut voir qu'elles ont été dirigées presque dans l'unique but d'en changer l'origine, afin de s'en assurer pour toujours la possession, en la mettant à l'abri des entreprises du pouvoir royal.

La seconde opération du parti vainqueur, celle qui était la plus périlleuse dans l'exécution pour les suites qu'elle pouvait avoir, mais la moins importante pour la constitution en elle-même, fut de pourvoir au remplacement de la dynastie déchue.

Ici, il faudrait, peut-être, remercier le ciel

d'avoir nourri près du trône une famille aussi digne de l'occuper, et dont les services ont probablement sauvé la France de malheurs et de grands désordres. Aussi, dans ces momens de stupeur qui suivirent la victoire du peuple, le prince qui réunira bientôt tous les suffrages, ne l'appelait-on pas au trône à grands cris, comme dans une sédition ; mais, secrètement, chacun y voyait déjà placé celui qu'y appelaient naturellement son rang, ses vertus privées et ses qualités nouvelles pour un roi vraiment constitutionnel.

Ce n'est donc pas, comme on l'a dit, ni *parce qu'il* était Bourbon, ni *quoiqu'il* fût Bourbon, qu'il fut élu, mais parce que son rang et sa fortune excluaient toute autre prétention, et que ses qualités nouvelles sympathisaient avec la France.

La France nouvelle, en effet, devait surtout désirer pour chef un contemporain, un prince qui ignorât les temps anciens, et qui comprît les intérêts nouveaux, et en élevant sur le parvis le premier chef de famille de France, et un bon père de famille, la nation crut encore s'attacher par un lien de plus au dépositaire de ses destinées. Puisse cette alliance ne jamais être trompée !

Dans ces conjonctures, il serait fort inutile de rechercher si le duc d'Orléans, a pu désirer le trône, non pour lui, peut-être, mais pour sa famille, car il le méritait, et sa famille en était digne ; et s'il ne l'a point désiré, la force des circonstances a surpassé sa répugnance ou ses désirs ; car encore, la crise était telle, si l'on est de bonne foi, que le prince, en refusant le trône, eût agi beaucoup plus en mauvais citoyen, qu'il ne s'est acquis de reconnaissance en cédant à la nécessité.

Mais, discourir plus longuement sur ce point serait, il faut le dire, oublier le mal, parce qu'il a été promptement réparé, diminuer le bienfait parce qu'il a été reçu à temps ; et qu'on dise, après le vide immense que le courage des Français venait d'opérer presque à leur insu, si le dévoûment ou le désir de Louis-Philippe n'ont pas posé la clef de la voûte qui n'aurait pu rester un moment de plus suspendue sans déchaîner, en s'écroulant, les horribles fureurs de l'anarchie!...

QUELQUES RÉFLEXIONS

SUR LA

RÉVOLUTION DE 1830

ET PRINCIPALEMENT

Sur la Pairie.

CHAPITRE PREMIER.

De la Pairie. — Réflexions préliminaires.

Le changement de dynastie ayant été le renversement d'un obstacle, plutôt qu'une modification dans la constitution, en résumant les innovations réelles opérées dans les lois et les institutions depuis la révolution de 1830; et par l'effet de cette révolution, on peut voir que les principales se réduisent aux trois points suivans, savoir :

Le siége de la souveraineté, qui a été fixé irrévocablement dans le peuple, laquelle, du reste, n'est jamais incertaine toutes les fois que les circonstances offrent au peuple les moyens de l'exercer, mais qui, dans notre droit public, depuis la Charte octroyée, et à cause surtout de son article 14 différemment interprété, flottait entre le pouvoir royal et le pouvoir populaire;

La nouvelle loi électorale, qui contient à elle seule les destinées futures de la patrie;

Enfin la disposition de la Charte, qui soumet à une révision l'institution de la pairie.

Ceux qui prétendent que la révolution de 1830 n'a rien produit, ou sont bien aveugles, ou de peu de bonne foi, car, de ces changemens et des germes que cette révolution a déposés dans ses principes nouveaux, doivent résulter d'immenses conséquences, si l'on veut remarquer seulement la différence que l'organisation politique vient de subir. *La démocratie ne déborde pas* seulement aujourd'hui, elle a renversé toutes les digues, elle a établi une monarchie républicaine : pourquoi hésiter sur le mot? puisque, si cette monarchie réussissait, nous serions le premier peuple de l'univers pour notre organisation intérieure; l'Angleterre même, qui nous a d'abord servi de modèle, pourrait nous envier notre bonheur, car nous posséderions en avantages populaires ce qu'elle subit en priviléges aristocratiques.

Cependant les questions qui font l'objet de cet écrit, importantes par elles-mêmes, paraissent avoir encore acquis plus d'importance dans l'opinion publique, parce qu'elles ont semblé peut-être réveiller le combat que la démocratie n'a cessé de livrer, depuis 1814, aux prétentions aristocratiques : combat qu'on a cru terminé par la révolution de 1830, mais qui, de sa nature, est interminable, parce que, quoiqu'il remporte de temps en temps de grandes victoires, il représente cette lutte perpétuelle entre l'esprit mobile et novateur de la démocratie, et l'esprit de résistance des intérêts qui veulent se conserver : principes qui, dans tout état politique, spécialement dans les sociétés populaires, sont les deux ressorts qui animent et balancent toutes les institutions.

C'en serait donc assez pour faire sentir toute la difficulté du sujet entrepris, si, d'ailleurs, on pouvait essayer une thèse plus épineuse, dans un moment où l'amour-propre démocratique se trouve encore exalté par la victoire récente qui a fait triompher les droits du peuple.

CHAPITRE II.

La Charte de 1830, au nombre des *disposi-tions particulières* qui la terminent, porte :

« Toutes les nominations et créations nou-
» velles de pairs faites sous le règne du roi
» Charles X, sont déclarées nulles et non ave-
» nues.

» L'article 27 de la Charte sera soumis à un
» nouvel examen dans la session de 1831. »

L'article 27 de l'ancienne Charte est ainsi
conçu :

« La nomination des pairs de France appar-
» tient au Roi. Leur nombre est illimité : il peut
» en varier les dignités, les nommer à vie, ou
» les rendre héréditaires, selon sa volonté. »

Une première question qu'on a agitée, est de
savoir si la Chambre des pairs devra être consultée sur sa constitution définitive; si, au con-

traire, la Chambre des députés n'est pas, quant à cette partie inachevée de l'édifice constitution-nel, ce qu'on appelle chambre *constituante*, c'est-à-dire qu'elle réunirait, indépendamment du concours de la Chambre des pairs, tous les pou-voirs législatifs qui appartiennent à la souve-raineté.

On s'étonne qu'un pareil doute ait pu être élevé, quand on se rappelle la conduite de la Chambre des députés au mois d'août 1830. C'est elle, en effet, qui, comme représentant plus directement le peuple français, prit l'ini-tiative pour nommer un lieutenant-général du royaume, pour modifier la Charte de 1814, pour élire un roi et pour éliminer une partie des membres de la Chambre des pairs; mais qu'on y fasse attention, et ici je ne fais que raconter, elle reconnut bien un interrègne de tous les pouvoirs pendant le combat livré au despotisme du pouvoir exécutif; mais, après sa défaite, les deux autres pouvoirs recouvrèrent tous les droits constitués de la souveraineté na-tionale en absorbant ceux du pouvoir exécutif. La Chambre des députés, à qui l'initiative ap-partenait, n'exerça pas, il est vrai, le pouvoir exécutif d'une manière immédiate; mais elle ne tarda pas à le déléguer de droit au lieutenant-général ; et, sans considérer ses propres pouvoirs comme interrompus par la catastrophe, si, par le droit de son initiative elle élimina une partie des membres de la Chambre des pairs, elle la laissa subsister entière comme second pouvoir de l'ancienne et de la nouvelle constitution. Elle ne suspendit pas ce second pouvoir de l'exercice de ses droits, jusqu'à son organisation définitive et l'adoption de la constitution nouvelle, mais elle reconnut, au contraire, tous ses droits d'une manière immédiate et solennelle en lui soumettant le projet de la nouvelle Charte qui devait remplacer l'ancienne. La Chambre des pairs délibéra sur ce projet, elle l'adopta en vertu du pouvoir que la Chambre des députés lui reconnaissait ou lui déférait ; elle déclara même, en adoptant la nouvelle Charte, qu'elle avait cru ne pouvoir délibérer sur la disposition qui anéantissait une partie de ses membres : elle exerça donc le pouvoir *constituant* concurremment avec la Chambre des députés et sans blesser les droits souverains de celle-ci, puisque c'est elle qui se l'était enchaînée comme conseil participant à l'exercice de sa souveraineté.

On dira sans doute que la Chambre des pairs mutilée n'agit que comme contrainte par la force des circonstances ; mais, c'est elle seule qui aurait pu le dire et protester; et si elle l'eût fait, ou si, au lieu d'adopter le projet de la nouvelle Charte, elle l'eût rejeté, un nouvel ordre de faits aurait pu ouvrir une nouvelle marche aux événemens : c'est donc comme les choses se sont passées qu'il faut les prendre, et en accepter toutes les conséquences. D'un autre côté, on peut considérer, et avec raison peut-être, les membres éliminés de la Chambre des pairs comme un obstacle dont la Chambre des députés voulut se débarrasser, pour se servir avec plus d'aisance du reste de la Chambre dont l'autorité lui paraissait nécessaire à ses projets : cette autorité, à laquelle elle a rendu hommage quand il s'est agi de refaire la constitution en entier, elle ne peut donc pas la renier quand il s'agit de reviser une seule partie de cette constitution. Aussi, la disposition finale de la Charte de 1830 porte-t-elle : « L'article 27 de la Charte sera soumis à » nouvel examen dans la *session* de 1831. » Or, la session se dit de la convocation, de l'assemblée et des travaux respectifs des deux Chambres, et l'on ne comprend pas comment des esprits justes aient pu soutenir le contraire de ce que, ce nous semble, nous venons d'établir.

Sans doute, la proposition de toutes les question qu'élève ce sujet, appartenait exclusivement à la Chambre des députés, conformément à l'origine de la nouvelle Charte, et l'on ne conçoit pas comment elle ait souffert que le ministère, au nom de la couronne, prît l'initiative sur une matière qui fait partie de la constitution; mais, en abandonnant les droits qui lui appartenaient, elle ne peut usurper ceux qu'elle n'a pas.

Qu'on ne dise pas, d'ailleurs, que la Chambre des pairs n'existe que provisoirement jusqu'au moment où il sera décidé de sa constitution définitive. Sa constitution est dans la Charte de 1830, qui a consacré plusieurs articles à déclarer que la Chambre des pairs est une portion essentielle de la puissance législative, à régler le mode de sa convocation, la légalité ou l'illégalité de ses sessions, à donner aux princes du sang la qualité de pairs par droit de naissance, et à d'autres dispositions purement réglémentaires : seulement, elle a dit que l'article 27 de l'ancienne Charte serait soumis à un nouvel examen, et cet article porte :

« La nomination des pairs de France appartient » au Roi. Leur nombre est illimité : il peut en varier les dignités, les nommer à vie ou les » rendre héréditaires, selon sa volonté. »

La seule chose qui reste en question est donc

de savoir si la nomination des pairs appartiendra au Roi ; si leur nombre sera illimité ; si, dans le cas où la nomination serait dévolue au Roi, il pourrait varier les dignités des nouveaux pairs et des anciens, c'est-à-dire les faire comtes, ducs ou vicomtes, etc.; et s'il pourrait les nommer à vie ou les rendre héréditaires, selon sa volonté. Mais hors de là, le changement du nom de la Chambre, quoique indifférent en lui-même, serait une violation de la Charte, et ce ne serait pas la peine, en vérité, de débuter ainsi pour si peu de chose.

Du reste, quel si grand inconvénient à ce que la Chambre des pairs soit consultée sur un objet aussi grave? Quand elle rejeterait une première proposition de la Chambre des députés, quel inconvénient à ce qu'une pareille proposition, si surtout elle n'avait été votée qu'à une faible majorité, fût de nouveau discutée dans la première Chambre! Le sujet n'est-il pas digne de méditation? Si au contraire la Chambre des députés manifeste une grande majorité dans sa résolution, qu'on se repose sur le bon sens et l'intérêt de la Chambre des pairs.

L'objection que l'on ajoute, en disant que la Charte a voulu que la constitution définitive de la pairie fût décidée dans la session de 1831, ce qui n'arriverait pas si la Chambre des pairs rejetait une résolution de la Chambre des députés, mérite peu d'attention , car , en disant que l'article 27 de la Charte serait soumis à un nouvel examen dans la session de 1831, la nouvelle Charte a dû entendre que cet examen serait fait avec toutes les conséquences des formes constitutionnelles.

Quant à la participation du Roi dans toutes ces questions, le point n'est pas plus douteux que le premier, mais dans le sens contraire. La nouvelle Charte ayant érigé en principe du nouveau droit public la souveraineté du peuple , conformément à l'exercice qu'en ont fait les Chambres , en proposant la nouvelle Charte à l'acceptation du Roi , qu'elles n'ont élevé au trône qu'à la condition qu'il jurerait de la faire exécuter ; l'organisation définitive de la Chambre des pairs étant une des lois fondamentales de la constitution , le Roi ne pourrait refuser sa sanction ou , pour parler plus justement , son acceptation à la loi proclamée par les deux Chambres sur cet objet, sans rompre le pacte qu'il a juré lors de son élévation à la couronne.

Mais la question capitale , celle qui préoccupe encore tous les esprits , malgré la proposition du gouvernement , qui ne laissera pas d'avoir des défenseurs dans la Chambre élective , à laquelle les vrais amis de la couronne semblent attacher son salut; les partisans de la constitution, sa stabilité; la Chambre des pairs, son existence; la démocratie, la preuve de ses forces et de ses progrès, c'est le maintien de ce que les uns appellent le privilége aristocratique, d'autres l'attribut nécessaire de la pairie. On voit bien que nous parlons de l'hérédité, de cette haute fonction dont le jour du jugement est arrivé : procès grave en lui-même, par cela surtout qu'il laisse à la perplexité des esprits des questions plus graves encore à décider.

CHAPITRE III.

On le nierait en vain, les caractères dominans
de notre constitution seront désormais la démocratie et la monarchie ; et si la stabilité lui était
promise, il faudrait s'en réjouir, car, dans un
vaste pays comme le nôtre, un tel gouvernement
est le plus propre à atteindre le but que se pro-
pose la civilisation, de faire jouir les peuples du
plus haut degré d'égalité et de liberté qu'ils
puissent supporter.

Mais, si l'égalité est particulièrement chère
aux Français, la liberté nécessaire pour en jouir,
et pour elle-même, ne peut avoir de plus sûre
garantie que la forme monarchique.

Entourée d'ennemis puissans qui la jalousent,
la France ne semble faible que par sa grandeur ;
aussi n'est-elle forte que par le combat et la me-
nace perpétuelle ; en sorte que si la crainte

qu'elle inspire est ce qui la maintient, sa valeur belliqueuse, par laquelle elle brave ses ennemis, est encore le caractère qui fait sa supériorité et sa gloire depuis l'époque où l'histoire nous la fait connaître. Tel est aussi l'écueil où la liberté, sous la forme républicaine, viendrait toujours se briser, et contre lequel devraient se réveiller en tremblant tous les rêves de cette nature.

Faible, divisée au-dedans, quoique pouvant être momentanément forte au-dehors, la France, sous un pareil régime, incessamment distraite par la guerre, n'y verrait que l'occasion de ramener au-dedans, après la défaite de l'ennemi, un général et des troupes victorieuses au soutien des factions qui déchireraient le sein de la patrie.

Cette nécessité d'être continuellement en armes, de surveiller des voisins jaloux prêts à se coaliser pour fondre sur elle, sera la cause qui rendra antipathique à la France plus éclairée, non pas dans cinquante ans, non pas pour un siècle, mais pour toujours peut-être, la république une et indivisible, ou la république fédérative.

Le gouvernement des États-Unis, d'un peuple si différent de caractère et de mœurs des peuples de l'Europe et surtout du peuple français, placé dans une situation de géographie unique dans le monde, n'a pas d'autre explication de son existence, de ses formes électives, de son organisation provinciale et fédérative, que l'absence de voisins puissans qui l'inquiètent et le menacent.

Le peuple français, malgré même sa mobilité naturelle, l'étendue de son territoire, la diversité de ses habitans, pût-il s'affranchir, pour son gouvernement intérieur, d'un pouvoir central assez fort pour agir instantanément jusqu'aux extrémités de l'empire, sera donc perpétuellement soumis par sa position continentale à cette loi nécessaire d'une monarchie, et d'une monarchie héréditaire.

La France, d'ailleurs, sait déjà ce que deviennent l'égalité et la liberté sous la forme républicaine; et elle n'oubliera pas, quoique les temps soient changés, comme on le dit, qu'après avoir trempé la liberté dans les crimes les plus noirs de 93, l'égalité, souillée des mêmes crimes, servit de marche-pied sanglant à la plus grande inégalité moderne, le despotisme du soldat qui enchaîna en même temps la liberté.

Mais, si cette nécessité d'une monarchie héréditaire met quelques bornes à l'égalité et à la liberté, voyons si le caractère démocratique qui semble s'introduire déjà dans le gouvernement ne leur imposerait pas d'autres restrictions.

La démocratie, telle qu'on peut l'entendre en

France, en y comprenant la nation entière, se compose de deux sortes d'intérêt bien distinct : l'un, qui est celui de la partie mobile et novatrice de la nation ; l'autre, de cette partie stationnaire qui s'attache au présent et ne demande qu'à conserver ce qui est.

Le premier intérêt est représenté par cette masse de la population, qui est la plus malheureuse et sur laquelle pèsent le plus les charges de la société, ou ce qu'elle croit des abus, qui a l'habitude de se plaindre, qui croit facilement à une meilleure administration des affaires publiques, au perfectionnement de l'organisation sociale, et en qui les changemens politiques éveillent toujours des espérances le plus souvent déçues. Dans cette classe qui est la plus nombreuse, se trouve celle qui est aussi la plus turbulente, qu'on a de la peine à contenir par les lois, qui est presque étrangère aux règles de la morale et aux liens de famille, et qui sert d'instrument aux partis factieux dans les momens de révolution.

Une autre classe qui compose également cette première partie mobile et novatrice de la nation, est celle qui, dans les sciences, les arts, les lettres, la politique, étudie l'intérêt général de la nation, et s'en fait l'organe pour améliorer cet intérêt, en perfectionnant tout ce qui peut contribuer à l'accroître.

Le second intérêt qui compose l'esprit démocratique et national en France, et que nous appelons l'intérêt de résistance et conservateur, est celui du reste de la nation, de cette partie qui est la mieux partagée en avantages sociaux; qui s'attache d'autant plus à la conservation de ce qu'elle possède et de tout ce qui existe, qu'elle craint toujours de perdre à quelque changement que ce soit.

Quand on examine la nature de ces deux ressorts en général, et comment ils agissent sur les affaires humaines, on voit que, si le premier est progressif, sans le second, il n'y aurait ni durée, ni stabilité; mais aussi que le premier doit être téméraire, entreprenant, plus peut-être que le dernier n'est prudent, timide et rétrograde.

Si, de cet examen, on passe à la manière dont ils agissent sur l'administration politique de la société, on s'aperçoit bientôt qu'ils doivent le faire de la manière suivante :

Le gouvernement ou l'administration de la société, à cause de ses besoins nombreux et variés, ne se distinguant pas d'une amélioration successive et perpétuelle, l'esprit progressif et novateur qui pousse sans cesse aux améliorations, doit être toujours agissant et à la tête du mouvement.

Mais les améliorations, de leur nature, ne peuvent se faire sans changemens; les changemens ne s'opèrent que par des déplacemens et des destructions partielles de ce qui existe; et, dans la société, ce qui existe et ce qui existe depuis longtemps, tient à des intérêts si divers et si multipliés, que les changemens doivent froisser ces intérêts d'une manière souvent imprévue. L'esprit mobile et novateur qui pousse aux changemens, qui demande des améliorations, éprouve donc toujours de la résistance dans les intérêts garantis par l'ordre de choses existant.

Cependant le but de tout gouvernement, et ce à quoi surtout se reconnaît une bonne administration, c'est que les changemens soient toujours des améliorations; que les améliorations soient faites à temps, d'une manière progressive et propre à froisser le moins d'intérêts possible.

Dans les monarchies absolues, où l'esprit novateur de la démocratie n'a pas d'organe constitué, n'a pas de représentation légale, les intérêts de résistance ont pour protecteur le pouvoir royal qui est le seul juge des changemens et de leur opportunité, et, sous un pareil régime, les intérêts qui demandent à être conservés, prévalent pres-

que toujours sur l'esprit de mouvement des intérêts démocratiques.

Dans une monarchie libre et tempérée, mais
où l'esprit démocratique serait seul représenté
auprès du pouvoir par une assemblée qui parta-
gerait le droit de faire les lois, l'expérience a
confirmé, en France, par exemple, que l'esprit
progressif est si violent par lui-même, si emporté
naturellement, que plusieurs de ces innovations
qui opèrent plus que des froissemens, mais des
destructions générales, des bouleversemens qui
découvrent quelquefois jusqu'à la base même de
l'ordre social, ne sont dus qu'à un faux zèle de
l'esprit d'amélioration, qu'à l'impatience, qu'à
la fureur même de l'esprit novateur.

Sous cette forme de gouvernement, l'esprit et
le pouvoir démocratique ne voient, dans l'autorité
royale, que l'ennemi de leurs prétentions plutôt
que le conservateur des intérêts légitimes qui
résistent aux excès de l'esprit de perfectionnement.
Tel fut le vice de la première de nos constitutions
politiques, qui livra la faiblesse du pouvoir royal
aux envahissemens d'une seule assemblée na-
tionale et novatrice.

Plus tard, et voulant profiter des progrès
des lumières et des leçons de l'expérience, on
pensa que l'esprit de progrès et l'instinct de

conservation devaient être représentés par deux assemblées différentes qui partageraient le pouvoir avec l'autorité monarchique, de manière que cette nouvelle organisation devait avoir pour objet essentiel le but que nous avons assigné à tout bon gouvernement, qui est d'être combiné de façon qu'en cédant progressivement aux vœux de l'opinion démocratique, on ait toujours présent aux yeux *le danger d'innover à côté de l'avantage d'améliorer;* d'établir, en un mot, l'équilibre le plus parfait entre l'esprit progressif et de perfectionnement, et l'esprit de résistance.

C'est ainsi que le gouvernement représentatif établi par la Charte de 1814, celui qu'on nous a vanté pendant quinze années comme le fruit de l'expérience des siècles, comme la plus belle création de l'intelligence humaine, avait opposé à l'esprit envahissant des innovations, non-seulement le pouvoir royal, comme protecteur des résistances légitimes et conservateur de son autorité nécessaire, mais encore à côté du pouvoir du gouvernement qui, se trouvant exposé directement aux coups de la démocratie, aurait fini par succomber, étant le plus faible, un conseil national qui empêchât la puissance démocratique d'abuser de sa force, en modérant l'impatience de l'esprit novateur; en sorte que le but d'un excellent gouvernement se trouvait merveilleusement atteint : la nation, par la Chambre élective, se trouvait en communication avec le pouvoir, en lui faisant connaître tous ses vœux et ses nouveaux besoins; l'assemblée des sages du pays opposait l'expérience et une temporisation prudente à des tentatives téméraires ou précoces ; les abus se détruisant ainsi progressivement, les améliorations les remplaçaient en froissant le moins d'intérêts possible, et les principes tutélaires étaient maintenus, les institutions fondamentales demeuraient toujours. C'est ainsi que se trouvait réalisé le rêve des plus grands philosophes anciens et modernes, qui pensaient que la meilleure forme de gouvernement serait celle où se trouveraient, le plus heureusement combinées, les trois formes, monarchique, aristocratique et démocratique.

Ce n'est pas tout encore, car ce grand pouvoir conservateur eut une autre destination, qui n'était ni moins nécessaire, ni moins utile.

Le pouvoir royal jouit de certains priviléges, qu'il peut avoir la tentation d'accroître aux dépens de la Chambre élective, ou d'une juste intervention du peuple dans l'administration de ses affaires ; une fausse crainte de voir diminuer son autorité peut aussi lui faire repousser des améliorations nécessaires ; une majorité ambitieuse et corrompue, dans la Chambre élective, peut enfin conniver avec des ministres coupables pour trahir les intérêts populaires, en donnant une fausse direction à l'administration générale, ou même en violant les principes de la constitution : C'est encore le même pouvoir indépendant de la couronne et du peuple qui, par son intervention tutélaire et pacifique, maintient l'équilibre entr'eux, et le bon ordre dans la nation, en prêtant son appui au plus faible. La couronne se trouve ainsi préservée, quelquefois malgré elle, des dangers d'un combat obstiné avec les représentans du peuple, ou même des suites qui pourraient être plus graves de sa connivence avec une majorité corrompue dans la Chambre élective; et c'est encore ainsi que, par ce doux mélange d'un troisième élément, qui porte à tort le nom d'aristocratique, l'expérience des siècles croit avoir mis la dernière perfection aux ressorts si compliqués de cette machine divine de l'ordre social.

La France démocratique et monarchique de 1831, ne paraît pas en être venue au point de renier la nécessité salutaire de ce troisième pouvoir; mais des préventions légères peuvent l'égarer dans l'examen impartial et froid qu'elle devrait faire des conditions indispensables pour que ce corps élevé, ce grand conseil de la nation remplisse le but de son établissement.

CHAPITRE IV.

Que la Chambre des pairs établie en 1814, n'a été ni un corps aristocratique, ni le germe d'une aristocratie.

L'ANCIENNE pairie a laissé trop peu de souvenirs en France, pour que celle qui a été établie en 1814 ne réveille pas plutôt dans les générations nouvelles, la similitude de nom du corps aristocratique d'Angleterre, dont la Chambre des pairs français n'a été que la copie nationale.

Si elle a été fondée dans la Charte de 1814, dans l'intention d'en faire un corps aristocratique, ou le germe d'une nouvelle aristocratie, cette pensée n'a pas eu plus de résultat que les efforts de ceux qui, préoccupés de l'exemple de l'Angleterre, ne cessaient de répéter que notre constitution était incomplète, tant qu'il n'y aurait pas en France une aristocratie qui soutînt le faible édifice de la Chambre des pairs.

Toutes les illusions doivent être dissipées aujourd'hui, et la révolution de 1830, doit avoir fini par convaincre à ce sujet, qu'il est impossible de former un corps quelconque, quand on on n'en possède pas les premiers élémens. Quarante années viennent de niveler la France en la bouleversant dans tous les sens; et, depuis 1790, que la haine fanatique des priviléges et de la féodalité, invoquant l'égalité naturelle des hommes, fit voler en éclats, en dispersant ses débris dans les diverses contrées de l'Europe, le corps dégénéré de l'aristocratie française; depuis que l'égalité qui était déjà dans tous les livres, n'a cessé depuis la même époque de se trouver dans toutes les bouches, d'être écrite dans toutes les lois, d'exercer sa tyrannie jusqu'au consulat, d'appeler tous les citoyens aux emplois sous le consulat et l'empire, de combattre et de vaincre sous la restauration, de morceler le sol de la France jusqu'à ce jour, on peut bien désespérer de reconstituer une aristocratie.

Je ne sais si les paroles suivantes sont vraies, elles sont du moins vraisemblables, mais voici celles que l'on prête à Napoléon, lorsqu'il s'agit en 1815, d'établir une Chambre de pairs : « Où » voulez-vous que je trouve les élémens d'aris- » tocratie que la pairie exige ? Les anciennes » fortunes sont ennemies, plusieurs des nouvelles » sont honteuses. Cinq ou six noms illustres ne

» suffisent pas. Sans souvenirs, sans éclat histo-
» rique, sans grandes propriétés, sur quoi ma
» pairie sera-t-elle fondée ? Celle d'Angleterre
» est tout autre chose ; elle est au-dessus du
» peuple, mais elle n'a pas été contre lui. Ce
» sont les nobles qui ont donné la liberté à l'An-
» gleterre ; la grande Charte vient d'eux ; ils ont
» grandi avec la constitution, et font un avec
» elle ; mais, d'ici à trente ans, mes champignons
» de pairs ne seront que des soldats ou des cham-
» bellans ; l'on ne verra qu'un camp ou une
» antichambre. » Ces dernières paroles pou-
vaient être vraies alors, Napoléon étant tout en-
semble l'État et la constitution.

Serait-ce donc que les auteurs de la Charte
de 1814 aient manqué leur but, et n'aient tracé
qu'une constitution imparfaite en établissant la
Chambre des pairs telle qu'elle a existé pendant
quinze ans? Je ne crains pas d'affirmer le contraire, ou du moins, ils n'ont peut-être fait à
leur insu que ce qu'il était possible de faire; et, à
tout prendre, on peut dire que la Chambre des
pairs, pendant les années difficiles de la première
épreuve que nous faisions du gouvernement représentatif, après une transition aussi brusque,
d'un règne aussi extraordinaire à un régime si
différent, a répondu à la seule destination qu'elle

pût remplir dans l'état où était la France, à celle d'un grand conseil national, d'un pouvoir modérateur dont l'absence avait été le vice mortel de la constitution de 91.

Composée, en 1814, des restes du sénat, de quelques hommes politiques, de quelques noms féodaux sans renommée nouvelle, la Chambre des pairs, considérablement augmentée par de nombreuses adjonctions, n'étant pas plus aristocratique par cette composition diverse que par son origine, sa conduite constitutionnelle a fini par prouver qu'elle n'était ni un corps aristocratique proprement dit, puisqu'elle n'en avait ni l'esprit ni la fortune, ni les priviléges, ni destinée conséquemment à fonder une véritable aristocratie.

Ceux qui aujourd'hui attaquent son seul privilége, ne renient cependant ni la nécessité de l'institution, ni quelques services apparens qu'elle a rendus ; mais, préoccupés de la réforme qu'ils demandent, ils ne donnent peut-être pas une assez grande attention aux services négatifs, si l'on peut s'exprimer ainsi, qu'un pareil corps, par sa nature, rend perpétuellement. Ce n'est pas parce qu'elle a pu rejeter le droit d'aînesse et les substitutions, la loi du sacrilége, le trois pour cent, qu'on serait forcé de reconnaître que la Chambre des pairs n'a pas été inutile ; mais si l'on voulait examiner plus avant le rôle qu'elle a joué dans la constitution nouvelle , on pourrait plutôt se demander si ce n'est pas aussi devant son *veto* redoutable que la loi sur la presse fut retirée , et ce qu'enfin serait devenue la France avec une seule chambre représentative , telle que celle de 1815 , la Chambre Villèle , et le ministère Polignac , s'il avait compté sur la Chambre héréditaire. Juger de l'utilité d'une pareille institution en énumérant ses actes affirmatifs et ostensibles , c'est donc méconnaître entièrement sa nature qui est d'être un obstacle immobile à des tentatives exécutées ou non , et de ressembler plutôt à l'ancre inerte qui raffermit au milieu des vagues contraires le vaisseau de la constitution.

Si nous avions à la justifier , nous dirions que le reproche qu'on lui adresse , avec peu de bonne foi , de ne pas avoir sauvé le trône de Charles X, en s'interposant entre la Chambre des députés et le ministère du 8 août, n'est pas mieux fondé que la manière dont on apprécie toute sa conduite constitutionnelle. Tant que les projets de ce ministère n'étaient ni connus ni manifestes , la Chambre des pairs pouvait-elle s'entremettre , au préjudice des droits et de toute la force qu'avait à faire valoir la Chambre élective ? Et quand la catastrophe est survenue, ignoret-on que les Chambres n'étaient pas assemblées ?

Si donc la Chambre des pairs, sous la restauration, n'a été ni un corps aristocratique, ni le germe d'une aristocratie future, elle n'a été, dans le fait, que ce qu'elle doit être aujourd'hui, une institution politique dont les membres exercent une haute fonction dans l'Etat.

Ce préliminaire posé, la discussion du point de l'hérédité va se trouver bien éclaircie, car il restera à savoir si la suppression de ce privilége rendra la Chambre des pairs plus ou moins propre à remplir sa destination nouvelle, ce qui donnera lieu d'examiner le mode d'institution qu'on pourrait substituer.

CHAPITRE V.

Des conditions nécessaires à l'institution de la seconde Chambre.
— Examen de l'hérédité.

La Chambre des pairs, pour remplir sa destination telle que nous l'avons fixée, pour servir à la nation de conseil impartial dans ses débats avec le pouvoir, et de contre-poids équitable à l'une ou à l'autre, doit être indépendante et du peuple et de la couronne, et joindre à son indépendance une dignité convenable à ses hautes fonctions.

L'indépendance se conçoit aisément : elle a surtout pour effet d'assurer dans les actions cette liberté morale qui promet l'impartialité quand il s'agit de prononcer sur des différens où se débattent de graves intérêts.

La dignité pour les membres de la Chambre des pairs peut se composer de grands services rendus à l'Etat, de grandes lumières utiles à la société, de vertus éminentes, et d'une fortune considérable jointe à une juste considération.

Il y a cela de commun entre l'indépendance et la dignité que les deux derniers élémens de la dignité, les vertus, et les avantages de la fortune doivent l'un ou l'autre être joints aux deux premiers pour assurer moralement l'indépendance.

Ce qui rend surtout difficile aujourd'hui la composition de cette grave assemblée, en qui doivent reposer les destinées de la patrie, c'est que les grandes fortunes ne sont pas très-nombreuses en France; c'est que l'esprit du siècle et la véritable dignité de la Chambre, désirent que la fortune dans un aspirant à faire partie d'un corps aussi élevé, soit accompagnée de quelques lumières, ou de services rendus dans les diverses branches de l'administration;

C'est qu'on croit difficilement à la vertu du désintéressement;

Enfin, c'est que les citoyens qui parviennent aux premières fonctions, comme ceux d'un mérite rare dans les sciences, les lettres ou la politique, ne sont pas ordinairement les personnes que la fortune a le plus favorisées.

Cependant l'esprit qui prévalait généralement jusqu'à ce jour, inspiré par les traditions monarchiques, et presque justifié par l'exemple de l'Angleterre, c'est qu'un nom illustre, ou ancien, ou même moderne, et réveillant dans une famille de nobles souvenirs, était propre à faire un pair de France, lorsque ce nom était accompagné d'une certaine fortune, quoique d'ailleurs le sujet ne fût distingué par aucune qualité personnelle, et qu'il ne se fût jamais voué au service de l'Etat. C'est là un cinquième élément de dignité, un nouveau titre d'aptitude à faire partie de la seconde chambre que l'on peut ajouter à ceux que nous venons de désigner.

La manière dont la Chambre des pairs a été composée en 1814, et dont elle a été accrue en 1816, et par le ministère Villèle, prouve qu'on ne s'était pas encore départi de ces préjugés, s'il faut leur donner ce nom; et l'on peut ajouter que l'hérédité, en France et en Angleterre, avait pour effet, et l'a toujours chez nos voisins, de recomposer perpétuellement et en grande partie la Chambre des Pairs de cette manière aventureuse, si l'on peut s'exprimer ainsi, sans cependant que la nation, en France, se récriât contre un tel procédé comme sur injure qui lui fût faite, ni que le peuple anglais ne paraisse pas disposé à supporter encore long-temps cette partie essentielle de sa constitution.

Comme il n'y a pas d'effet sans cause, comme on dit, il faut bien en trouver une quelle qu'elle soit, dans ce qui doit paraître inexplicable en ce moment aux préventions communes.

Cette cause, pour nous renfermer dans ce qui regarde la France, nous venons de la signaler en partie, en disant qu'elle était la difficulté de composer la seconde Chambre d'une manière qui assure son indépendance et sa dignité.

Les grands propriétaires sont rares; les noms historiques, dépouillés de fortune et de qualités personnelles, n'ont plus ce prestige qui leur prêtait un faux éclat; les hauts fonctionnaires, jouissant d'une grande considération, sont circonscrits dans un petit nombre; les fonctionnaires d'un ordre inférieur ne jouissent pas tous d'une haute considération, et sont le plus souvent privés de fortune : où donc trouver une partie de ces dignes personnages qui doivent composer le sénat de la nation, se vouer par sentiment et par intérêt, par devoir et par tradition à la défense et à la conservation des grands principes de l'ordre social et des bases de la constitution, former ce grand conseil impartial entre le trône et le peuple, dont les décisions en imposent aux passions égarées d'une partie de la nation?

On voit donc qu'en y réfléchissant, il y a pour chaque fonction dans l'état une aptitude particulière que le législateur doit accorder et favoriser, quand il ne la rencontre pas naturelle-ment. C'est pour cela, sans pousser cette vérité plus loin, que les magistrats de l'ordre judiciaire sont inamovibles, que les députés jouissent d'un privilége d'inviolabilité, ne pouvant être pour-suivis pendant les sessions sans l'autorisation de la Chambre; c'est ainsi encore que la couronne est héréditaire.

Sous la restauration, on voyait donc les fils de pairs succéder à leurs pères, sans murmurer; on se soumettait à cette nécessité légale sans se plaindre, et l'on trouvait même assez naturel que des jeunes gens, élevés pour leur dignité fu-ture, exercés de bonne heure aux travaux de leurs fonctions; souvent occupant des emplois dans les diverses branches de l'administration, joignant quelquefois même une expérience pré-coce des affaires aux traditions de leurs pères, allassent continuer et transmettre ces traditions à leurs enfans avec cet esprit de corps si appro-prié à la mission de l'assemblée dont ils allaient faire partie.

Sans doute, la naissance est un préjugé, mais elle n'a reçu ce nom, sans contredit, qu'à cause des avantages injustes que la vanité et l'orgueil des hommes veulent trop souvent y attacher ; car il y a quelque chose en elle qu'il serait à désirer de bien définir. Or, celui dont le père ou l'aïeul a été utile à ses concitoyens, pouvant prétendre, quoiqu'en ne pas lui ressemblant, à ne pas dégénérer, autant qu'il est en lui, des souvenirs qu'il en a reçus, il suffit qu'on puisse supposer cette prétention, pour qu'au moins les convenances obligent à la reconnaître dans celui qui, ayant le droit de s'en prévaloir, ne la contredit par aucune indignité personnelle : voilà la dernière raison du tribut d'égards que nous payons tous involontairement à celui qui est censé avoir de nobles souvenirs toujours présens à ses yeux. Cette distinction est faible aujourd'hui, on en convient, parce qu'elle a été réduite à sa juste valeur, et aussi, pour peu qu'elle soit contestée, finit-elle toujours par s'estimer suivant le mérite personnel, qui est le dernier juge que la morale et la société lui ont imposé ; mais ce problème expliqué, nous comprenons mieux comment celui-là même qui n'est pas le fils d'un pair, mais qui se plaît à compter ses aïeux, que sa fortune rend indépendant de ses concitoyens, qui n'a jamais imploré le secours de personne, a pu ne pas être jugé indigne de remplir, dans un pays où l'honneur, suivant Montesquieu, est le principe de tout, de hautes fonctions impartiales, où il ne s'agit presque que de dédaigner les faveurs populaires à l'égal de celles du prince, sans autre récompense que la dignité souveraine d'un tel emploi, et la perspective de la transmettre à ses descendans.

Ces réflexions nous expliquent encore mieux pourquoi le fils d'un pair, héritier au premier degré du lustre de son père, a pu succéder à sa dignité sans autre titre que sa position indépendante, et les nobles traditions qu'il puisait dans un tel héritage. Ce patrimoine du fils est même ce qui faisait la gloire du père, et cette assurance de transmettre à nos enfans ce que nous possédons, si naturelle à tous les hommes, était justement considérée comme le plus sûr garant de la stabilité et de la haute justice, qu'un corps ainsi renouvelé en grande partie ne cesserait de donner à la direction de son grand patronage. Tel est l'esprit de l'institution que l'on attaque en ce moment, mais pour des motifs autres peut-être que ceux qui pourraient justifier la réforme que l'on demande.

Les Anglais subissent depuis des siècles le joug de l'hérédité, et quoique l'institution de la pairie joue un autre rôle dans leur gouvernement, malgré, cependant, la liberté d'opinions, qui permet depuis si long-temps dans ce pays de scruter toutes les institutions, d'imaginer de nouvelles combinaisons d'organisation sociale, personne ne s'est encore avisé d'attaquer le privilége de l'hérédité, par cela seul qu'il serait contraire à l'égalité et à la liberté, dont il contribue, au contraire, à leur assurer la jouissance.

D'un autre côté, l'histoire et l'économie politique nous apprennent que les noms illustres finissent toujours par s'éteindre ; que les classes supérieures, se multipliant beaucoup moins que les classes inférieures, les familles du premier rang n'ayant que peu ou point d'enfans, n'ont pas toujours un descendant mâle à qui elles puissent transmetre leur héritage ; ce qui a toujours permis, en Angleterre, de faire entrer dans la Chambre haute les grands hommes qui s'élèvent dans la Chambre des communes ; et nous voyons en France que, malgré l'hérédité, la Chambre des pairs n'a été, dans aucun temps, inférieure en expérience, en talens et en capacités à la Chambre élective.

D'ailleurs, les intérêts vraiment populaires, les intérêts locaux se traitant presque en dernier ressort dans la Chambre des députés, dont les résolutions sur ces matières ne reçoivent qu'un contrôle très-général dans la Chambre des pairs, l'esprit de corps, dans cette Chambre, peut suppléer aux connaissances particulières et de détail que possèdent toujours au plus haut degré un grand nombre de ses membres, tels que les anciens ministres et autres fonctionnaires éminens.

Descendre à réfuter une objection triviale qui consiste à trancher une pareille question en assourdissant le public des mots de privilége, majorats, droit d'aînesse, sans autre examen impartial de l'utilité et de l'importance de l'institution, serait supposer des adversaires ou trop ignorans, ou de trop peu de bonne foi, car, si l'hérédité de la pairie est un privilége, l'hérédité de la couronne est aussi un privilége qui mérite encore moins de grâce, l'héritier du trône ayant des fonctions bien autrement élevées et importantes à remplir qu'un membre de la seconde Chambre. Se borner à dire que l'hérédité de la pairie est un privilége qui doit être détruit parce qu'il blesse l'égalité, qu'il ne peut se soutenir sans le cortége hideux des majorats, du droit d'aînesse, ce n'est donc pas même une vaine jalousie plus ou moins suspecte, c'est un des prétextes qui dénotent le plus la mauvaise foi de l'esprit de parti, car il y a bien d'autres inégalités sociales qui choquent davantage, et dont on ne se plaint pas, quoique étant injustes au lieu d'être utiles.

Enfin, le principal avantage de l'hérédité, qu'on ne rencontrera dans aucune des combinaisons qu'on pourrait y substituer, c'est que le troisième pouvoir dont elle est l'attribut, pour être indépendant des deux autres, devant participer le moins possible de leur nature, l'origine particulière que lui donne en grande partie l'hérédité lui imprime aussi ce caractère de neutralité, libre d'engagemens antérieurs, si propre au rôle impartial de sa destination. L'opposition de la presse, celle de la Chambre, du moins ceux qui ont étudié la question, et il est probable qu'aucun ne s'est engagé à voter contre l'hérédité sans avoir profondément examiné cette question, savent bien que l'hérédité est l'institution qui garantit le mieux l'indépendance de la seconde Chambre; mais aussi peut-être ne l'attaquent-ils, du moins la presse révolutionnaire, que parce que la nomination des pairs à vie, faite directemement par le Roi, fourmillerait d'inconvéniens qui obligeraient de recourir à quelque forme élective qui ne ferait des nouveaux pairs que des hommes politiques ayant l'esprit et l'intérêt mobile des corps qui leur donneraient la candidature.

CHAPITRE VI.

Ce qu'a été la Chambre des pairs sous la restauration ; ce qu'elle doit être sous la constitution nouvelle.

SERAIT-CE donc que si l'hérédité a pu convenir à la Chambre des pairs de la restauration, elle devrait être maintenue dans la constitution nouvelle?

La Chambre des pairs, quelque faible qu'ait été son institution en France, n'ayant aucune racine aristocratique dans le sol, sans jouir de cette haute considération compacte, si l'on peut s'exprimer ainsi, à cause de son origine diverse et de nos dissentions récentes, a pu suffire cependant durant le cours de la restauration au maintien de l'équilibre constitutionnel. Ce qui lui a probablement facilité l'exercice et l'accomplissement de sa mission, c'est que lorsque l'occasion lui a été offerte de servir de contre-poids contre la Chambre élective, elle s'appuyait sur la force populaire, sans choquer le trône, qui, dans les commencemens n'avait pas à lutter contre la nation, mais plutôt contre une fausse représentation des intérêts populaires. Telle est la différence et le caractère particulier qui doit distinguer le faux équilibre de nos trois pouvoirs établis par la Charte de 1814, de cette oscillation régulière que la prédominance du parti *tory* ou *wigh* imprime tour à tour à la balance constitutionnelle des pouvoirs en Angleterre.

La situation est changée aujourd'hui : ce que le pouvoir royal avait de force sous la restauration étant passé dans le peuple par l'effet des principes de la révolution de 1830, l'équilibre factice des trois pouvoirs de la restauration se trouve tout à fait détruit. Le peuple est le souverain : il s'est donné un roi et des institutions; mais le souvenir de l'initiative qu'a prise la Chambre des députés au milieu de la dernière catastrophe pour modifier les institutions, changer la dynastie, pour élire une dynastie nouvelle, ne s'effacera pas de long-temps : le trône pourra chanceler quelquefois au bruit des factions sur la base légère de son origine récente, et la Chambre des pairs, qui n'avait jusqu'ici d'autre appui et d'autre faveur que les intérêts populaires et la stabilité du trône renversé, suivra la destinée que lui préparent les nouveaux intérêts populaires, impuissante elle-même à appuyer le trône et à s'en faire un appui.

Ce que nous avons dit dans un chapitre précédent sur la direction des deux ressorts qui agissent dans une société régie par un gouvernement représentatif et démocratique, n'est donc pas une vaine théorie ! Oui, l'esprit mobile et novateur de la démocratie l'emporte toujours sur la résistance inerte des intérêts légitimes qui ne demandant qu'à être conservés, ne veulent du moins céder qu'avec prudence et lenteur aux sollicitations toujours emportées de l'esprit de perfectionnement et d'innovation ! L'expérience, d'accord avec la vivacité du caractère français, est là non-seulement pour attester les excès sanglans et dévastateurs de l'amour immodéré des améliorations, pour nous répéter à satiété que les prétendues améliorations ne sont le plus souvent que de pures innovations; mais ce qui se passe depuis un demi-siècle nous confirme que depuis que la politique a pénétré dans la nation, depuis que le besoin d'améliorer s'étant généralement fait sentir, l'abus qu'on en a fait n'en a rendu l'usage que plus nécessaire et plus fréquent, ce besoin d'améliorer s'est presque confondu aujourd'hui avec le plaisir et le penchant naturel d'innover.

Plus on étudie cette vérité, plus elle se confirme et se fortifie par toutes les faces diverses sous lesquelles on l'examine.

Dans le gouvernement représentatif, qu'on a appelé le gouvernement de l'opinion publique, la Chambre élective, qui est l'organe de cette opinion publique, représente essentiellement l'esprit progressif, le désir d'amélioration qui caractérise l'élément démocratique. Cet esprit de mouvement et d'innovations n'est pas seulement le cri plaintif des classes qui souffrent, le murmure des classes plus nombreuses qui sont presque toujours mécontentes, quoique aussi peu capables de comprendre de quels maux les préserve le gouvernement existant, que la difficulté de changer les lois et de mieux combiner des institutions nouvelles ; il se compose encore du désir modéré des améliorations véritables que nécessitent incessamment les besoins nouveaux de la société, et enfin de l'ambition des hommes qui aspirent au pouvoir de les opérer. Or, cette dernière classe étant assez connue en France, mérite peut-être une attention particulière. On sait en effet que le peuple n'a guères d'autre récompense à décerner à ses partisans et à ses adulateurs, que des couronnes civiques, et on n'ignore pas aussi que malgré les vertus démocratiques du siècle, la renommée populaire a peu de charmes en France, quand elle est privée des honneurs ou des richesses. Il s'ensuit que les hommes ambitieux d'en acquérir ne trouvent pas de moyen plus simple d'y parvenir que de rechercher la popularité afin de remplacer les hommes qui occupent le pouvoir distributeur des honneurs et des richesses, et d'autres moyens de remplacer les hommes du pouvoir, que de demander le changement des lois et des institutions. Telle est peut-être, en résumé et sous certains rapports, l'unique cause de toutes les révolutions grandes et petites qui se sont succédées depuis quarante années en France, et qu'il faut bien pardonner aux vieux observateurs de nos vicissitudes politiques, d'exprimer par cet adage connu : *Ote-toi de là....*

Dans cet état de choses, plus la chambre élective sera populaire, plus elle sera novatrice et poussée à changer les lois et les institutions. Mais quelle digue arrêtera son entraînement, quelle barrière lui opposerons-nous ? Dans le gouvernement déchu, l'esprit novateur trouvait un premier obstacle dans le pouvoir royal, dont les doctrines n'étaient pas celles du pouvoir qui l'a remplacé. Aujourd'hui, quoique le magistrat héréditaire reste en possession de la force publique, y a-t-il quelque autorité qui puisse se dire un pouvoir devant la puissance de l'opinion publique, devant les prétentions souveraines de l'esprit novateur? La royauté déchue croyait du moins à sa suprématie et à sa force, et cette croyance lui donnait en effet une certaine force, et la rendait encore imposante à la multitude. Mais que la royauté nouvelle, au milieu des passions mouvantes de la capitale, refuse sa sanction à une loi que les cent bouches de la presse auront proclamée comme populaire, qu'après une première dissolution d'une Chambre novatrice et envahissante, les intrigues électorales ou l'irritation du moment ramènent la même majorité, plus intraitable encore, où est l'appui du gouvernement, le refuge de la royauté naissante?

Sous la restauration, dans de telles conjonctures, la Chambre des pairs, appuyée sur le trône, aurait eu peut-être encore la force de lui prêter l'appui de son autorité, pour donner à la nation égarée, le temps de se calmer et d'écouter les avis de la raison ou les leçons de l'expérience : aujourd'hui que le trône populaire qui attend sa force du bénéfice du temps, est plus faible encore que le trône englouti, une Chambre des pairs viagère pourrait-elle seconder le pouvoir royal dans une lutte pareille avec la Chambre élective? Telle est la véritable difficulté du problème. On voit que la question se réduit encore, à peu près, aux mêmes termes, c'est-à-dire, à savoir quel est le mode d'institution de la seconde Chambre, qui, en assurant le mieux son indépendance et sa dignité, la rende assez imposante à la nation pour la protéger, surtout au commencement de ce règne, de la seule autorité tutélaire qui lui reste, mais de cette autorité morale que donnent la considération, la confiance et le respect.

Si les pairs de la création du règne du roi Charles X n'eussent pas été éliminés, si la Chambre tout entière de la restauration était là pour partager le pouvoir né de la révolution de 1830, et perpétuer l'autorité de ses membres en la transmettant à leurs descendans, on conçoit que le nouvel ordre de choses ne pouvant sans inconvénient essayer, par un surcroît de nouvelles nominations, de retremper l'esprit de cette Chambre complète, l'intérêt du moment pût faire trancher une question de vie pour le nouveau gouvernement, de stabilité pour la constitution. Mais les vacances nombreuses qui permettent à la couronne de faire entrer dans la Chambre un grand nombre de notabilités amies du nouveau destin de la France, de ménager même cette faculté, de manière que des créations assez fréquentes pussent se perpétuer pendant les premières années du règne du nouveau roi, j'avoue qu'en présence des inconvéniens de l'institution à vie, je redouterais de faire peser sur ma tête la responsabilité d'une décision d'où doit dépendre le sort de la patrie.

Certainement, c'est une Chambre qui en impose qui est nécessaire, dont les membres soient connus de la nation par les longs services qu'ils lui ont rendus dans les armées, dans la politique, dans le gouvernement, dans l'administration de la justice, illustres par des travaux scientifiques, recommandables par de grandes vertus jointes au bon usage d'une fortune considérable; mais ces avantages sont-ils aussi réels et possibles qu'on aime à se le persuader ? et pourraient-ils balancer les avantages de l'hérédité ?

Si vous exceptez les maréchaux de France, dont l'élévation au bâton martial ne dispense même pas quelquefois de recourir aux annales de la guerre pour se rappeler tous leurs faits d'armes; si vous exceptez les membres connus de la Chambre élective, les anciens ministres, les présidens et les membres du conseil d'état et des hautes cours de la capitale, quelques hommes célèbres dans les sciences ou les lettres, où prendre ces personnages connus de longue date de la nation entière, ces noms qui passeront à la postérité, ces Nestors blanchis dans les hauts rangs des diverses administrations, l'honneur et la gloire de leur contrée? Les fils de pairs ne dédaignant pas de servir l'état dans les diverses carrières où la concurrence est ouverte, ne seraient-ils pas aussi connus de la nation que les fonctionnaires obscurs ou les bas intrigans qui peupleraient la Chambre, quel que fût le mode de leur nomination? ce temple des hommes illustres, s'ouvrant presque toujours, et à plus forte raison sous notre régime nouveau, pour faire asseoir à côté des noms anciens les citoyens d'une grandeur réelle, gagnerait-on plus qu'on ne perdrait en remplaçant l'institution héréditaire par l'institution viagère? On attaque l'hérédité! et l'on ne voit pas que la vertu mystérieuse de son institution, que l'on comprend mieux qu'on ne démontre, consiste surtout à être exempte des inconvéniens qui vicient toutes les autres combinaisons, dont les meilleures n'ont que des avantages illusoires qui ne peuvent compenser leurs défauts sans nombre.

A-t-on bien pesé tous les inconvéniens de l'institution à vie? Ce sont les corps héréditaires de cette nature, qui, voyant toujours dans l'avenir tranquille de la patrie le sort et le bonheur assurés de leurs descendans, s'attachent par sentiment et par devoir à la durée de la félicité publique, et à la stabilité des institutions : que les hasards de la guerre, au contraire, ou les fureurs des factions, ramènent un jour au sein de la France divisée un membre ou un descendant de la famille déchue, qui promette à une Chambre de pairs viagers l'hérédité que vous leur aurez refusée, et vous verriez, pour peu que les chances fussent favorables, une majorité de vos *champignons* de Paris, pour devenir de grands arbres et pousser des racines, pactiser sans honte avec la famille exilée, trahir sans plus de ménagement la fortune chancelante du Roi-Citoyen au profit d'un usurpateur étranger, vous donner ainsi la leçon tardive que les institutions ne se fondent ni avec l'esprit ni avec l'intérêt du moment.

Ce sont ces mêmes corps compactes qu'une pensée inaltérable tient attachés au présent comme à l'avenir, contre lesquels viennent échouer toutes les tentatives qui séduisent le vulgaire, corrompent les hommes ambitieux, ébranlent les assemblées mobiles. Les entreprises du despotisme ne les trouvent pas plus accessibles qu'ils

ne s'opposent à la marche nécessaire de la civilisation, parce qu'ils ne voudraient pas préparer
de commotion violente qui entraînerait leur ruine
dans le bouleversement de la société. La gloire
même d'un général extraordinaire, dont les victoires exalteraient l'enthousiasme de la multitude, ne serait aux yeux d'un sénat heréditaire
que la brillante fumée d'un encens brûlé devant
l'autel de la patrie au milieu d'une fête nationale, mais, qui, loin de ternir les ornemens
du trône, ne ferait qu'embellir d'un plus vif
éclat la bonté des institutions. Voyez au contraire le glorieux enfant de la victoire, l'usurpateur heureux des libertés de la France! Après
avoir renversé du pied ces corps transitoires, formés
de la veille, que soutenait à peine le sol mouvant de
la patrie, il marchait à la conquête du despotisme
en aussi habile politique qu'il était grand général,
attaquant la nation par son côté le plus faible, en
nous rassasiant d'honneurs et d'égalité pour mieux
enchaîner la liberté; mais au lieu d'établir un sénat
héréditaire, véritable gardien de la constitution,
on eût dit qu'il s'était plu à étaler dans ses magni-
fiques palais, une galerie vivante dans une salle
muette, des curiosités viagères de la France!
Voilà pourquoi, son destin le ramenant à la tête
de la nation qu'il avait si bien séduite qu'elle lui

avait tout livré, les représentans de la France, stipulant cette fois des garanties pour les libertés du pays qu'il avait trahies, lui imposèrent une Chambre de pairs héréditaire (1)!

On nous dit que les temps sont changés, que nous avons fait de nouveaux progrès dans la liberté : vaine illusion ! La France a fait le tour du cercle, elle a épuisé les théories par de funestes expériences, et nous sommes arrivés au temps où les lois et les institutions, où les ressorts d'un gouvernement ne peuvent plus se fonder que sur les passions des hommes et le caractère de la nation, conséquemment sur des mobiles constans, sur des causes inaltérables. On nous dit que nous sommes plus graves qu'autrefois, que la jeunesse n'est plus légère : c'est-à-dire, que nous nous occupons de choses plus graves ! Mais en sommes-nous moins mobiles dans les choses graves, légers dans les matières sérieuses ?

Un sujet aussi important et le temps qui nous presse, nous permettent à peine d'entrer dans des détails. Cependant, s'il fallait en indiquer

(1) Si les noms étaient quelque chose en France, on pourrait rappeler que Manuel était le rapporteur de la commission, dans la chambre des Cent-Jours, qui concluait à l'hérédité de la pairie, et Benjamin Constant la soutenait.

quelques-uns, nous dirions ce que les adversaires
de mauvaise foi de l'hérédité savent déjà, ce sur
quoi ses antagonistes légers n'ont peut-être pas
assez réfléchi, c'est que les pairs à vie seront plus
dépendans de la couronne; que, pour peu que le
choix dépende du Roi, ils ne résisteront pas à la
promesse de la nomination de leurs fils ; que
cette expectative n'en fera, du plus grand nombre,
que des courtisans ; que, quel que soit le mode de
leur nomination, les grands hommes et ceux
d'un mérite personnel éminent , ou jouissant
d'une haute considération , étant rares, en général les pairs à vie seront moins considérés que
les pairs héréditaires; que la dignité de pair
étant une fonction dans l'état, plutôt que la
plus grande récompense que l'on puisse accorder
au mérite et aux longs services, il faut préférer
l'institution qui est la plus conforme à la nature
de cette fonction, et qui donne le plus d'aptitude à ceux qui sont appelées à la remplir; que
si vous dépouillez le pair de son hérédité, de
cette perspective la plus douce au cœur paternel,
de se perpétuer lui et ses honneurs avec ses enfans, il en usera et en abusera en usufruitier
viager : richesses, honneurs, il les achetera, les
mendiera, les entassera pour lui et ses enfans ,
puisqu'il n'a pas d'autre patrimoine à leur laisser,

et que sa mémoire ne vivra pas ; sa dignité, il ne craindra pas de la souiller, ni par de lâches complaisances pour le pouvoir , ni pour tout autre intérêt momentané, puisque, devant descendre avec lui dans la tombe, elle ne doit pas faire le lustre de ses descendans.

Il reste à examiner divers modes d'institution, auquel s'appliquent tous ces inconvéniens, mais que l'on a cru des termes moyens par excellence, et qui, cependant, ne font que reculer la difficulté, au lieu de la résoudre, en l'entourant de nouveaux obstacles qui triplent ses embarras : ces expédiens, consistant à faire nommer les membres de la Chambre des pairs ou directement par des colléges électoraux, ou par le Roi sur la présentation de candidats élus par des colléges de même nature. . . . .

Mais en ce moment, je lis le projet présenté par le gouvernement, et comme il explique assez clairement lui-même son opinion sur l'excellence du parti que les circonstances l'obligent de prendre, ne pouvant d'ailleurs penser moi-même que la Chambre adopte toute autre proposition plus mauvaise que le projet présenté, je m'arrête. Je crois, autant que la précipitation du moment me l'a permis, avoir fait entrevoir quelques-unes des raisons de décider. La Chambre va prendre sur elle une grande responsabilité : elle va léguer probablement à une législature future ce qu'il est en son pouvoir de faire : elle va peut-être, par ce délai, beaucoup plus compromettre les destinées de la France, que si elle les fixait aujourd'hui souverainement. La crainte des dangers futurs, quoique non encore éprouvés de l'institution à vie, pourrait en effet exciter un retour plus prompt sur une décision forcée par les circonstances; tandis que l'expérience lente de ses inconvéniens, faisant prolonger le mal indéfiniment, le fatal *statu quo* se maintiendra jusqu'à ce qu'on se réveille encore au bruit d'une crise inattendue. Dans des conjonctures aussi graves, s'il m'eût été donné de m'adresser moi-même aux dépositaires d'aussi hauts intérêts, je n'aurais pas terminé mon allocution d'une autre manière, et je l'aurais fait d'un langage à être compris de tous mes concitoyens :

« Non, envoyés de la France, vous n'avez pu,
» par une promesse indiscrète, aliéner d'avance
» le patrimoine de la nation, qui ne peut se
» former et s'accroître que sous l'invocation de

» vos lumières réunies! Vous saviez que le peuple
» français, par ce caractère brillant qui le dis-
» tingue, par cette vive imagination qui orne ses
» qualités heureuses, se fait à son gré d'une idée
» abstraite ou de quelque intérêt du moment,
» des dieux ou des monstres dont il attend son
» salut ou qui le menacent de sa perte. Il fallait
» donc sur cette grande question, vous borner à
» lui promettre la maturité d'un conseil commun
» et la lenteur d'une réflexion profonde : vous
» n'ignoriez pas que vous étiez appelés à travail-
» ler, dans l'état de relâchement où se trouvent
» les autorités politiques de la France, à l'achè-
» vement d'un troisième pouvoir que l'on peut
» considérer comme la clef de la voûte de l'édifice
» constitutionnel : vous savez, par expérience,
» combien ces grands ouvrages demandent de
» lumières et de prudence dans un pays où l'é-
» vénement du lendemain vient si souvent ren-
» verser ce que l'on croyait la veille avoir édifié
» pour l'éternité. C'était donc pour imprimer à
» notre constitution naissante cette rare vertu
» de la stabilité que vous sollicitiez le mandat
» de vos concitoyens : la stabilité! qui n'est pas
» seulement l'intérêt du moment, le besoin de
» la France, mais l'exemple que nous devons à
» l'Europe et au monde entier en réparation de

» notre instabilité de quarante années ! Depuis
» un demi-siècle, les peuples sont dans l'attente
» de ce bonheur constant, de cette félicité du-
» rable que nous promet chacune de nos révolu-
» tions; et, depuis un demi-siècle, nous glissons
» de pente en pente, nous roulons de révolution
» en révolution, sans savoir encore où nous
» pourrons nous arrêter ! Sachez bien, cepen-
» dant, que si la vraie liberté s'était établie en
» 89, nous aurions fait beaucoup plus de pai-
» sibles conquêtes chez nos frères de l'Europe
» qu'en les provoquant sans cesse par la guerre,
» après les avoir désolés par toutes ses fureurs
» et ses dévastations. Ne croyez donc pas qu'ils
» soient stationnaires par nature et antipathi-
» ques à la liberté : ils attendent les doux fruits
» de nos leçons et de nos exemples, car les rois
» eux-mêmes ne veulent pas croire au bonheur
» de leurs peuples, s'il leur venait de conces-
» sions inopportunes qui ne seraient, ainsi que
» l'ont été les fausses constitutions imposées au
» peuple français, que le germe de révolutions,
» des causes toujours renaissantes de la guerre,
» l'occasion du bouleversement du monde ! »

FIN.

TABLE.

FIN DE LA TABLE;

www.ingramcontent.com/pod-product-compliance
Lightning Source LLC
Chambersburg PA
CBHW051120050726

47594CB00003B/882